jean-maurice vergnaud
philippe blin

l'analyse transactionnelle

outil d'évolution personnelle et professionnelle

mémentos-eo

LES ÉDITIONS D'ORGANISATION

Jean-Maurice VERGNAUD : Directeur WINNERS TONIC. Membre de 1 + 1 Consultants.
Conseil en formation, communication, management, vente, constitution et cohésion d'équipes. Cofondateur de l'Université d'Analyse Transactionnelle. Concepteur et animateur de WINNERS TONIC, auprès d'équipes de direction.

Avec la collaboration de :

Philippe BLIN : Consultant, psychothérapeute. Président du GROUPE RESSOURCES. Co-directeur de l'Université d'Analyse Transactionnelle. Conseil en gestion des ressources humaines. Formateur en Programmation-Neuro-Linguistique.

ISBN : 2-7081-0771-2

QU'EST-CE QUE L'ANALYSE TRANSACTIONNELLE ?

Fondée par le docteur Éric BERNE dans les années 60, largement développée, enrichie et diffusée depuis, l'analyse transactionnelle (AT) est tout d'abord, une philosophie, selon laquelle **toute** personne a une valeur positive en tant qu'**être** humain.
Il en découle une psychologie de la croissance humaine fondée sur la **responsabilité** et sur l'hypothèse que chacun peut apprendre à avoir confiance en lui-même, à penser pour lui-même, à prendre ses propres décisions, à ressentir et à exprimer ses sentiments, bref que chacun peut devenir **autonome**.
Elle propose pour cela un **ensemble théorique et pratique** qui s'applique aussi bien à la **personnalité humaine** qu'aux **groupes humains**, quels qu'ils soient.
Ses principes et concepts, très opérationnels, essentiellement fondés sur des comportements observables, sont présentés dans un langage simple et accessible, orienté vers la **compréhension** et l'**action**.
Son originalité et sa force, au sein d'autres sciences humaines, tient à ce que la plupart des personnes qui en ont besoin peuvent s'approprier et appliquer, de façon responsable, ses techniques et procédures pour comprendre et améliorer leurs comportements, leurs relations et leur communication.
Sa souplesse et son universalité lui permettent de répondre à des demandes extrêmement variées, aussi bien en entreprise et dans tous les cadres socio-professionnels en général, qu'en couple, en famille, à l'école, avec les voisins, bref dans tous les rapports humains.

Principaux champs d'application

Élaborée à partir d'une expérience clinique, l'AT conserve pour domaine de prédilection le **développement des personnes.**

— psychothérapie individuelle ou en groupe, et par extension : psychothérapie de couple, voire familiale,
— et dérivés : conseil en stratégie personnelle, pilotage de carrière, etc.

Une entreprise ou une institution pouvant être regardées et comprises comme un organisme humain, l'AT s'avère également très opérationnelle pour le **« Développement des Organisations »**, dans différents domaines :

— radioscopie de l'entreprise ou d'un service (analyse qualitative), élaboration et application de plans d'amélioration,
— analyse et résolution des blocages et des clivages, entre personnes et entre services,
— communication interne et externe : projet d'entreprise, marketing, publicité
— gestion des ressources humaines, par exemple en matière de **recrutement** et de **constitution d'équipes**.

Elle constitue enfin un précieux outil pour la **formation permanente**, en entreprise et en institution, dans tous les domaines où une bonne maîtrise des relations inter-personnelles et de la communication sont nécessaires :

— animation d'équipe, motivation, délégation, vente, négociation, conduite de réunion, prise de décision, résolution de problème, créativité, gestion du temps, animation de Cercles de Qualité, médiation, gestion des conflits, supervision, co-conseil, relation d'aide, pédagogie, formation de formateurs, etc.

Les 4 champs d'exploration de l'analyse transactionnelle

L'AT est classiquement subdivisée en 4 champs théoriques :

— L'analyse des ÉTATS DU MOI : l'analyse structurale, ce qui se passe à l'intérieur d'une personne et l'analyse fonctionnelle, les fonctions remplies par chacune des parties de notre moi.

— L'analyse des TRANSACTIONS : ce qui s'échange entre deux personnes, et comment cela s'échange.

— L'analyse des JEUX : certains types d'échanges, répétitifs, qui aboutissent à des sentiments négatifs.

— L'analyse des SCÉNARIOS : le schéma global de notre vie, construit et renforcé depuis la petite enfance, et dans lequel sont « programmées » nos façons d'être et de faire actuelles.

La vie de tous les jours...

Anecdote : M. et Mme DURAND se préparent pour se rendre à une soirée.

— M. DURAND : « Chérie, sais-tu où se trouve ma cravate à pois ? »

A cette question, une seule et unique Mme DURAND peut répondre de multiples façons.

En voici quelques exemples :

— Mme DURAND : « Elle est accrochée à la porte de la penderie, à gauche. »

ou « Si tu rangeais tes affaires, tu saurais où elle se trouve ! »

ou « Avec toute la peine que je me donne pour toi, tu trouves encore le moyen de te plaindre ? ! »

ou « Ne te dérange surtout pas, mon chéri, je vais te la chercher. »

Ce disant, Mme DURAND ferait évidemment appel à différents aspects de sa personnalité et de son répertoire de comportements et de réactions.

EXPLORATION DE LA PERSONNALITÉ : LES ÉTATS DU MOI

L'Analyse Transactionnelle, avec la grille des ÉTATS DU MOI, tente d'apporter une explication à ce phénomène, à cette faculté qu'a une personne de réagir en fonction de ce qu'elle a appris et de son système de valeurs, ou des informations dont elle dispose, ou bien encore de ses sentiments et de ses envies.
Éric BERNE, fondateur de l'Analyse Transactionnelle, a regroupé ces systèmes d'attitudes en 3 parties distinctes les 3 États du Moi, qu'il a baptisés :

— le PARENT

— l'ADULTE

— l'ENFANT

que l'on représente graphiquement comme ceci :

> Chaque ÉTAT DU MOI est un système cohérent d'enregistrements de pensées, de sentiments et de sensations, liés aux différentes étapes du développement d'une personne ou d'un groupe, qui détermine un système correspondant de comportements observables.

L'étude des enregistrements relève de l'analyse structurale : la structure de la personne, « CE QUI EST ».
L'étude des comportements correspond à l'analyse fonctionnelle : les fonctions que remplissent nos états du moi, « COMMENT CELA FONCTIONNE ».

N.B. Quand il s'agit d'états du moi, on met une majuscule aux termes Parent, Adulte et Enfant pour les distinguer des noms communs parent, adulte et enfant qui désignent des personnes physiques.

ANALYSE STRUCTURALE

A chaque instant, une personne pense, sent et agit dans l'un ou l'autre de ses états du moi. A chacun d'eux, correspond un registre particulier :

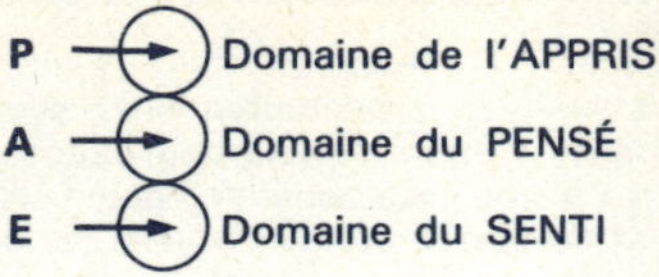

DIAGRAMME STRUCTURAL du 1er ordre	ENFANT	ADULTE	PARENTS
ORIGINE FORMATION	Dès avant la naissance et jusqu'à 5-6 ans. Évolue peu ensuite.	Se développe principalement entre 3 et 12 ans. Évolution constante ensuite.	Se forme pour l'essentiel entre 5 et 12 ans. Peut se développer et se modifier après.
CONTENU	AFFECTIF : besoins et émotions spontanés ou conditionnés.	OBJECTIF : informations en prise avec les réalités.	NORMATIF : valeurs, règles, traditions, jugements.
DU P A E	Besoins, émotions et sensations qui apparaissent naturellement chez toute personne. Enregistrement des émotions vécues dans la prime enfance et de la façon dont la personne y a réagi. La partie la plus archaïque de la personnalité. Et la plus riche selon Éric BERNE.	Capacité d'une personne à recueillir, à enregistrer et à traiter objectivement des informations internes (provenant des autres états du moi) et externes (l'environnement), sans émotion ni préjugé. On l'apelle souvent « l'ordinateur ».	Ce que la personne a copié des pensées, émotions et comportements de ses parents ou de toute autre figure d'autorité, tels qu'elle les a perçus, et qu'elle a pu les modifier à partir de ses propres expériences. Le système de valeurs ainsi transmis est tant familial que moral, social et culturel.

	RÔLE DES ÉTATS DU MOI
P	— Tirer bénéfice de l'expérience, la sienne et celle des autres, en la mémorisant. — Fournir ainsi des « points de repère », des solutions « toutes faites-toutes prêtes » quand nécessaire, soit qu'il faille agir rapidement ou devant un problème répétitif.
A	— Recevoir, rechercher et intégrer toutes les informations nécessaires, provenant de l'environnement ou de la personne elle-même (Parent et Enfant). — Les analyser, les élucider, les comprendre en vue d'élaborer les stratégies les plus adéquates pour son développement.
E	— Fournir les informations nécessaires sur les besoins physiques et psychologiques, au moment où ils se manifestent. — Accumuler et transformer l'énergie perçue de l'environnement pour activer et mobiliser l'Adulte et le Parent.

UTILISATION OPÉRATIONNELLE DE LA GRILLE PAE		
	Résolution de problèmes	**Prise de décision**
P	Est-ce bien ma responsabilité de résoudre ce problème ? Sinon, de qui est-ce la responsabilité ?	Que diraient et que ressentiraient à ma place les personnes qui ont eu un rôle parental pour moi ?
A	Ai-je les moyens (techniques, humains, etc.) de le résoudre ? Sinon, puis-je les acquérir, et comment ?	Qu'est-ce que je pense objectivement possible — en fonction du contexte, et de moi-même ?
E	Ai-je envie que ce problème soit résolu ? Sinon, comment faire pour en avoir envie ?	Qu'est-ce que je ressens en pensant à cette décision ? De quoi ai-je envie ? De quoi n'ai-je pas envie ?
	Le cas échéant, comment pourrais-je saboter la résolution du problème ? (Vérification de la motivation de E)	Que se passe-t-il si je ne décide rien ? Qu'est-ce que cela me permettrait, ou m'éviterait ?
Qu'est-ce que je fais ou décide finalement ?		

PAE des groupes humains

La grille des états du moi peut être appliquée aussi bien à une personne qu'à un groupe de personnes, voire à une institution, une entreprise.

Pour une entreprise, on peut ainsi distinguer :

- P : Le règlement intérieur, les recettes, les normes, les valeurs, etc.
- A : Les processus, les méthodes, les moyens, etc.
- E : La motivation, la créativité, le climat, l'ambiance, etc.

Pour être optimale, toute action de l'encadrement ou de conseils externes doit intégrer ces trois niveaux, notamment en matière de communication interne et externe.

« ANALYSE STRUCTURALE DU 2e ORDRE »

Outre le repérage et la description que permet l'analyse structurale du 1er ordre, il est possible d'analyser les états du moi eux-mêmes de façon structurale et de connaître ainsi ce que BERNE appelait « la structure psychobiologique ».
Nous faisons pour cela une analyse structurale de 2e ordre du Parent et de l'Enfant.

DIAGRAMME STRUCTURAL DU 2e ORDRE	Structure des états du moi. Exploration de notre vie intérieure	Exemple : un responsable, face à un problème, peut « entendre plusieurs voix » :
P2 	P2 comporte l'enregistrement du PAE de nos mère, père et autres figures parentales influentes (aînés, professeurs, etc.). P2 se modifie en permanence.	— Parent du père ou de la mère : « Un responsable doit savoir traiter tous les problèmes des autres. » — Adulte du père ou de la mère : « la formation du responsable sert à cela. » — Enfant du père ou de la mère : « Quel calvaire d'être responsable ! »
	A2 gère les relations entre les états du moi, traite les informations et les faits.	Comment traiter le problème ? Réflexion, recherche de solutions, rationalisation, planification, prévisions, etc. Actions.
E2 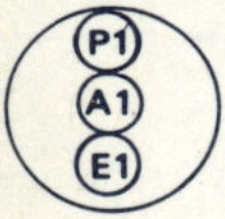	P1, le Parent dans l'Enfant, assimilé lors de la petite enfance, comprend l'enregistrement de sentiments et de comportements conditionnés qui « dictent » notre façon d'aborder des personnes perçues comme des figures parentales. A1, l'Adulte dans l'Enfant, appelé aussi le « Petit Prof », la dimension investigatrice en éveil dès notre plus jeune âge, est la source de la pensée intuitive, de la créativité et de l'inventivité. E1, l'Enfant dans l'Enfant, contient nos pulsions, sensations et émotions naturelles ainsi que la mémoire des émotions et sensations vécues dans le passé.	— Parent dans l'enfant : « Ah, si seulement j'étais mieux secondé ! » « Ah, si seulement mon patron était plus souvent là ! » « Si j'étais malade, ils devraient bien se débrouiller sans moi... » — Adulte dans l'Enfant : « Tiens, je vais demander à Jean de régler cela avec moi. » « J'ai une idée ! Et si je demandais à mes collaborateurs de m'apporter des solutions, et non des problèmes ? ! » — Enfant dans l'Enfant : « Vivement ce soir, il y a un film super à la télé. » « Que c'est beau la neige dehors ! » « Je boirais bien un thé bien chaud. »

ANALYSE FONCTIONNELLE

Une autre façon de représenter les états du moi consiste à les subdiviser selon les fonctions qu'ils remplissent

DIAGRAMME FONCTIONNEL		FONCTION
	PNf = Parent Normatif	Jugements de valeur. Normes sociales
	PNr = Parent Nourricier	Prise en charge. Responsabilité
	A = Adulte	Traitement des informations, faits, idées, probabilités.
	EAS = E Adapté Soumis EAR = E Adapté Rebelle	Réflexes conditionnés
	EC = Enfant Créateur (Petit professeur)	Intuitions. Idées magiques.
	ES = Enfant Spontané	Sensations, émotions, besoins.

Le tableau ci-après montre comment il est possible de reconnaître chacun des états du moi fonctionnels, en tout cas en termes de TENDANCES, à partir d'une observation attentive. Il y est fait état des avantages et inconvénients de chacun.
Il est aussi possible de reconnaître ces TENDANCES chez une personne en situation professionnelle d'encadrement, dans différents domaines. C'est l'objet du tableau des pages 12, 13 et 14.

DIAGRAMME FONCTIONNEL	Comportement général	Gestes et attitudes physiques	Mots et expressions verbales	Attitudes face à des faits et à des personnes	Aspects positifs (+) et négatifs (−)
PARENT NORMATIF 	Autoritaire, moralisateur, prescripteur, directif. Edicte les règles.	Poings sur les hanches, dos droit sourcils froncés. Index tendu, regard autoritaire	Bien, mal, il faut, tu dois, toujours, jamais, moral, immoral. Slogans, sentences.	Fait respecter la règle, la rappelle. Approuve, désapprouve, interdit, permet, juge, etc.	(+) pose des limites protectrices. (−) peut être répressif, dévalorisant.
PARENT NOURRICIER 	Prend soin. Prend en charge. Soutient aide, réconforte, conseille, encourage. « Bonne pâte ».	Regard compréhensif, penché en avant, le bras sur l'épaule. Amène et souriant.	Bien ! Vas-y ! Laisse-moi t'aider. Laisse, je vais le faire pour toi. Mon pauvre petit !	S'inquiète ou s'enthousiasme, encourage ou compatit. Rappelle ce qui est bien et juste.	(+) aime, protège et surtout permet. (−) peut être étouffant, sur-protecteur.
ADULTE 	Rationnel, neutre, logique, objectif. Recherche les informations. Cherche à comprendre.	Regard direct, attentif et neutre. Gestes mesurés. Tête droite, sans raideur. Ouvert.	Je pense que, mon hypothèse, à mon avis, qui, quoi, comment, etc. Clair et informatif.	Sélectionne, connaît ou ne connaît pas. Enregistre. Rappelle les faits, la réalité.	(+) capacité d'évolution de la personne. (−) si exclusif ou dysfonctionnant.

ENFANT ADAPTÉ SOUMIS 	Soumis aux demandes et attentes d'autrui. Veut bien faire, timide. « Enfant modèle ».	L'échine courbée, bras et jambes croisés, tête inclinée, le regard quête l'approbation.	S'il vous plaît, merci, je vais essayer, je n'oserais pas, je fais de mon mieux. Euh...	Tend à « s'incliner » devant les faits et les personnes. « Savoir-vivre ». Sécurité ou insécurité.	(+) utile pour vivre en société. (−) la dépendance, la soumission, l'indécision.
ENFANT ADAPTÉ REBELLE 	Contestataire et critique, réagit par l'opposition. « Pour tout ce qui est contre » « Revolté ».	La mine boudeuse et renfrognée, il coupe la parole, élève la voix, hausse les épaules.	Non, je ne veux pas, sûrement pas. Vous ne m'aurez pas. Vous n'avez pas le droit.	Tend à s'opposer, surtout s'il perçoit un abus de pouvoir. Sécurité ou insécurité.	(+) la contre-dépendance peut mener à l'autonomie. (−) provocation, destruction.
ENFANT SPONTANÉ ET CRÉATEUR 	Naturel, libre de toute contrainte, affectif, curieux primesautier, créatif, intuitif.	Il bouge, fait du bruit, rit, pleure, crie, « parle avec son corps ». Regard brillant, expressif.	Je veux, j'aime, chic, chouette, ouais, ouyouyouille. C'est chébran l'AT ? Euréka ! Et si... ?	Réagit « en direct », plaisir ou souffrance, intérêt ou ennui, amusement ou indifférence.	(+) source d'énergie de plaisir. Créativité et intuition. (−) « sauvage » et idées magiques.

	PAE EN SITUATION PROFESSIONNELLE
↓ Tendance / Domaine →	**STYLE DE DIRECTION**
PARENT NORMATIF 	Il use à fond de son autorité. Ordonne, sans appel. Centré sur la tâche, mais trop préoccupé du respect des normes pour être vraiment efficace. Tenant peu compte des réalités humaines, il s'expose à des « retours de manivelle ».
PARENT NOURRICIER 	Le « gentil patron ». Ni rigoureux, ni spécialement vigoureux, mais compréhensif et pédagogue, il peut finir par tolérer les pires résultats. Cependant responsable, il compensera en « mettant la main à la pâte ».
COMPORTEMENT ADULTE (2) 	Le « technocrate ». Sérieux et neutre. S'il est techniquement compétent, ses directives seront très claires. Elles seront efficaces si son entourage a également un comportement Adulte à ce moment-là, sinon...
ATTITUDE ADULTE (3) 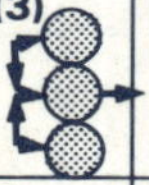	Intégrant les éléments de son propre PAE et ceux de la situation et des personnes concernées, sa direction est efficace tant en termes de tâche à accomplir que de relations à gérer. Il anime son équipe.
ENFANT ADAPTÉ SOUMIS 	Plus souvent second que premier, il sera dépendant de « l'autorité supérieure » (« je ne fais que représenter le chef ») et cherchera à composer avec ses subordonnés.
ENFANT ADAPTÉ REBELLE 	Plus souvent à l'extérieur de l'entreprise qu'à l'intérieur. En tout cas, rarement à un poste de responsabilité. S'il y est, il saisira toute occasion de s'opposer, voire de provoquer.
ENFANT SPONTANÉ ET CRÉATEUR 	S'il a la capacité de dynamisation nécessaire au leadership, ses impulsions désordonnées le rendent parfaitement inapte à diriger durablement une équipe. Sa dimension créative fait de lui un bon négociateur.

1) inspiré d'un travail de Pierre NICOLAS, développé et précisé par Jean-Maurice VERGNAUD.

2) Le comportement A résulte souvent du contrôle du PNf, privilégie la logique et le « quantitatif » et reflète une interprétation un peu sèche du « management rationnel ».

3) L'attitude Adulte correspond à un contrôle sain de A et produit un « management global » qui intègre quantitatif et qualitatif (contexte, réalités humaines, etc.)

D'ENCADREMENT (1)	
PRISE DE DÉCISION	**RÉSOLUTION DE PROBLÈMES**
Rapide, car découlant d'un système de valeurs et de principes. Péremptoire, voire rigide, parfois. « Il faut faire comme cela, et pas autrement ! »	Tout écart entre les réalités et « la norme » sera résolu en référence à « la loi » et à ses propres valeurs, au risque d'un décalage avec l'actualité de la situation.
Il lui est difficile de définir des limites claires, et donc de trancher : il exprimera avis et conseils, à charge pour l'entourage de décider. Il s'estimera responsable de la décision prise.	Permissif, il encourage la dynamique « essais-erreurs » et accepte les problèmes inhérents. Le risque ? Qu'il ne les traite à la place de leurs acteurs !
Rapide s'il est en terre connue. Lent, sinon, mais méthodique. Il conjecture ses résultats, planifie, etc. mais son souci d'intégrer « tous » les paramètres peut être excessif et gêner l'action.	Même remarque que pour la prise de décision. Il risque de se trouver démuni dans les problèmes de relations humaines, et peut alors avoir recours aux normes de son Parent.
Rapide ou lente suivant qu'il s'agit de réagir à une situation, ou d'une décision stratégique devant être débattue collégialement pour emporter une adhésion optimale des personnes concernées.	C'est sa fonction. Il rassemble les informations, internes (PAE) et externes, évalue des options, en prévoit les conséquences, pose des objectifs et propose des moyens.
Ce n'est pas lui qui décide. Il faudra le convaincre que la décision s'inscrit dans « les règles de la maison ». Il en référera à ses supérieurs, qui devront trancher.	En cas de problème répétitif, il adoptera la « procédure habituelle ». Sinon, il temporisera jusqu'à ce qu'« on » trouve une solution « acceptable ».
Si la décision à prendre est suffisamment anti conformiste, ce sera vite fait. Sinon, « chacun décide ce qu'il veut », pourvu que cela génère des problèmes.	Il est possible qu'il se réjouisse du problème ! Et donc qu'il en sabote la solution qu'un autre, ou que lui-même aura trouvée...
Ses décisions en face d'événements peuvent être tout à fait adéquates, voire excellentes (EC). Impulsif, il est inapte aux décisions à moyen et long terme et aux responsabilités afférentes.	En « prise directe » avec l'environnement, il réagira émotionnellement à toute difficulté (ES) et/ou pigera au quart de tour « ce qui se trame » (EC). Sans méthode, mais créatif.

PAE EN SITUATION PROFESSIONNELLE D'ENCADREMENT		
	MOTIVATION DÉLÉGATION	**CLIMAT RELATIONNEL**
	Stimulations positives rares : « faire son devoir est normal ». S'il délègue, c'est pour qu'autrui soit ainsi plus dépendant de son jugement. « Innovateurs, s'abstenir ».	Peut être très structurant pour son entourage, mais peu dynamisant. Priorité à l'efficacité et au « sens du devoir ». « On n'est pas là pour faire du sentiment ».
	Bienveillant, il stimule ceux qui ont des problèmes. Risque de démotivation de ceux qui n'ont pas BESOIN de lui. Il encourage les initiatives mais couve souvent à l'excès.	Sécurisant à court terme. Frustrant ensuite, car trop « tutélaire ». Il instille un climat propice au travail d'équipe. Son souci est que les gens soient bien.
	Rares stimulations positives, sauf s'il sort d'un stage de « management motivationnel » et qu'il en perçoit l'intérêt immédiat pour la tâche. Il délègue dans le même esprit.	Neutre, voire plutôt froid. S'il acquiert une approche « technico-psychologique », il ne manquera alors que de subtilité et de chaleur pour les relations humaines.
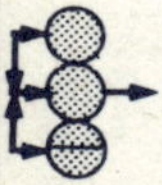	Il stimule le développement de chacun : complimente et réprimande si nécessaire, sans confondre la personne et le problème. Il délègue tâches et responsabilités afférentes.	Positif, réactif et constructif, pour le développement des potentialités de chacun. Acceptation et valorisation des différences. Respect mutuel.
	Ses subordonnés seront stimulés en fonction de leur propre soumission. Il se décharge de « responsabilités encombrantes » plus qu'il ne délègue.	Essentiellement structuré par la politesse et la routine. Alourdi de tous les non-dits qui risqueraient d'enrayer « l'ordre établi ».
	Toute dissidence à l'encontre d'un « pouvoir » extérieur sera encouragée. Délégation erratique, source de jeux de pouvoir, plutôt que d'efficacité.	Conflictuel et instable. Sauf à se sentir « entre pairs », on devra « prendre des gants » pour composer avec lui. Cela ne dure pas : les gants s'usent.
	Stimulant, voire générateur d'enthousiasme : « Allons-y les gars ! Super ! » Incohérent. « Irresponsable », on ne peut appeler délégation ses courantes défections.	Particulièrement instable, voire insécurisant pour l'entourage, car imprévisible dans ses réactions. Instille cependant un climat de créativité propice à l'innovation.

L'ÉGOGRAMME (J. DUSAY)

Suivant les circonstances dans lesquelles se trouve une personne, chacun de ses états du moi sera plus ou moins activé et commandera plus ou moins sa conduite.

> On appelle ÉGOGRAMME le diagramme qui permet de visualiser le pourcentage d'énergie investie par une personne, pendant un temps donné, dans chacun de ses états du moi.

Le concept « d'égogramme » découle du postulat d'un niveau d'énergie potentielle constant chez chaque personne. Chacun investit tour à tour l'un ou l'autre de ses états du moi suivant son registre préférentiel de comportements et le contexte.
Ainsi, le sur-investissement d'un état du moi donné implique-t-il, suivant le principe des vases communicants, le sous-investissement d'un ou plusieurs des autres.
Dès lors que l'observation en est faite — et chacun peut s'y employer pour lui-même —, une stratégie de croissance personnelle consiste à mettre en œuvre les moyens d'augmenter les états du moi trop peu activés, ce qui aura pour conséquence de désactiver partiellement ceux qui sont moins adéquats, par rapport à la situation.

EXEMPLE : Égogramme d'un enseignant donnant un cours en présence de l'inspecteur de l'académie :	Hypothèse correspondante d'une stratégie de croissance personnelle adéquate.
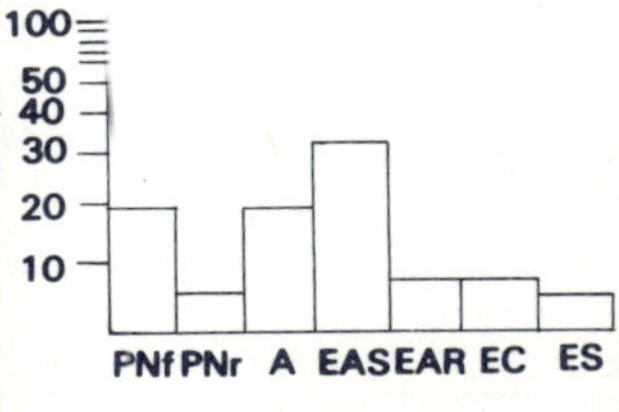 	Notre enseignant aurait profit à développer tant son PNr pour prendre soin de lui-même et de ses élèves en toutes circonstances, que son EC et EAR, par exemple pour innover en matière de pédagogie. Son ES y prendrait du plaisir. Enrichir et clarifier les données de son A lui permettrait probablement d'alléger son PNf et son EAS de normes anachroniques et limitantes.

LA DYNAMIQUE DES ÉTATS DU MOI

Une personne est affectivement équilibrée lorsqu'elle est capable d'investir l'état du moi qu'elle a choisi comme le plus adapté à la situation.
Cependant, plusieurs éventualités de plus ou moins bon fonctionnement, voire de dysfonctionnement, des états du moi sont à envisager :

1. Un état du moi peut prendre le CONTRÔLE et la DIRECTION des deux autres et, ainsi, les faire agir et s'exprimer.
2. L'Adulte peut être CONTAMINÉ par le Parent ou/et par l'Enfant.
3. Un, et parfois deux, états du moi peuvent être pratiquement EXCLUS.

LA NOTION DE CONTRÔLE	
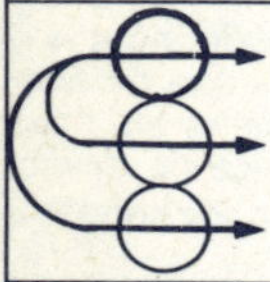	Le Parent au contrôle peut s'exprimer par le Parent, l'Adulte ou l'Enfant. Dans ce cas, le comportement est lié avant tout à un système de valeurs souvent en décalage avec la réalité présente et surtout qui nie et refoule les besoins et désirs de l'Enfant. Sous une apparente « solidité », il y a donc risque de crises émotionnelles plus ou moins graves.
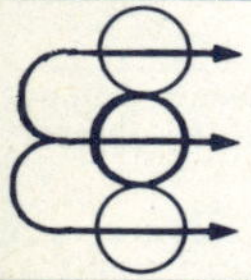	L'Adulte au contrôle peut s'exprimer par l'Adulte, le Parent ou l'Enfant. Le comportement et les actes paraissent bien adaptés, stables, et intègrent de façon équilibrée informations extérieures, sentiments et besoins de l'Enfant et valeurs intériorisées du Parent. Ce qui tend à assurer à la personne les meilleures conditions de croissance.
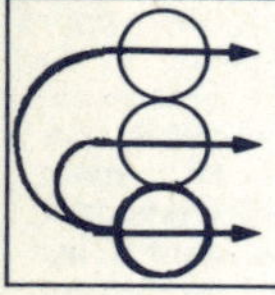	L'Enfant au contrôle peut s'exprimer par l'Enfant, l'Adulte ou le Parent. Ce sont alors les émotions et sensations qui constituent les éléments moteurs du comportement, excluant plus ou moins le Parent ou l'Adulte. L'instabilité de comportement qui en résulte tend à compromettre la sécurité physique, économique et sociale d'une telle personne.

Aux questions, souvent posées : « Faut-il être Adulte ? Et la spontanéité, alors ? », une réponse juste consiste à dire que « mettre l'Adulte au contrôle » représente en effet une étape importante de la croissance d'une personne, mais pas une fin en soi.
Chacun a la possibilité d'initier et de développer ce contrôle de l'Adulte en intégrant un maximum de paramètres de la réalité actuelle, interne et externe : Qu'est-ce que je veux ? De quoi ai-je besoin ? Qu'est-ce que je suis tenu de faire ? Quel est le contrat ? Qu'est-ce que je décide ? Qu'est-ce que je fais ? etc.
La spontanéité n'y est en rien menacée, au contraire.

LES CONTAMINATIONS	
L'Adulte est souvent plus ou moins contaminé par le Parent et l'Enfant.	
	Contamination de l'Adulte par le Parent : le Parent utilise l'Adulte pour l'aider à prouver un jugement de valeur ou une opinion comme information actuelle et vérifiée. Cela constitue un PRÉJUGÉ, un *A PRIORI*. Ex. : « Les patrons n'ont pas de cœur. La preuve, ils licencient à tour de bras. »
	Contamination de l'Adulte par l'Enfant : l'Enfant utilise l'Adulte pour justifier une impression émotive comme élément objectif d'une situation. Il s'agit alors d'une ILLUSION. Ex. : « Tout le monde a échoué ? Moi, je suis sûr de réussir : j'ai de la chance. »
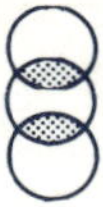	Double contamination de l'Adulte par le Parent et par l'Enfant : PRÉJUGÉS et ILLUSIONS cœxistent généralement et se renforcent alors mutuellement. Ex. : un cadre qui se dirait « Diriger ? de l'autorité, c'est tout ! », préjugé renforcé par l'illusion « s'ils ne m'obéissent pas, c'est qu'ils ne m'aiment pas ».

DEUX TYPES D'EXCLUSIONS			
États du moi exclusifs		**États du moi exclus**	
Deux états du moi plus ou moins exclus. Le troisième domine tout le comportement de façon EXCLUSIVE.		Un état du moi est quasiment exclu. Il n'est pas fait appel à lui.	
	Parent exclusif : Le sermonneur ou le prêcheur. Autoritaire et moralisateur.		Parent exclu : Normes limites, autorités, lois, responsabilités, sont ignorées ou niées.
	Adulte exclusif : L'ordinateur, le technocrate. Méthodique, insensible et imperturbable.		Adulte exclu : Sans contact avec la réalité (tendance psychotique).
	Enfant exclusif : Le joyeux luron, le plaisantin. Ne prend rien au sérieux. Confusion mentale parfois.		Enfant exclu : Émotions, besoins, plaisir, etc., réprimés. Référence à l'utile, le raisonnable, le devoir, les règles.

LA SYMBIOSE (et concepts afférents) (J. SCHIFF)

Lorsque contamination et exclusion se superposent chez une personne, elle ne peut plus établir de relation libre et autonome avec une autre personne. Les personnes dans ce cas établissent entre elles des RELATIONS SYMBIOTIQUES.

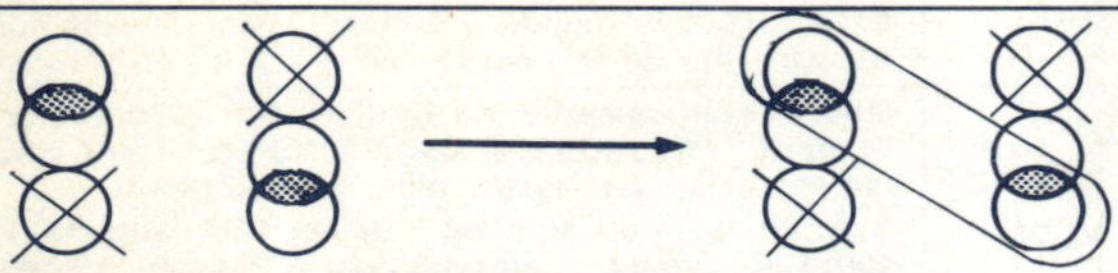

Contaminations + exclusions ——→ SYMBIOSE

Le schéma ci-dessus montre qu'à elles deux, les personnes ne font alors « qu'une seule personne », chacune exluant au moins un état du moi. L'Adulte y est quasi-inopérant.

Une relation de symbiose peut être définie comme un arrangement tacite entre deux ou plusieurs personnes suivant lequel il est entendu que chacun doit n'utiliser que certains états du moi quand il est en présence de l'autre.

La symbiose est presque toujours accompagnée d'une CONTRE-SYMBIOSE, ou d'un « ÉTALEMENT DE LA SYMBIOSE », qui équilibrent la(les) relation(s).

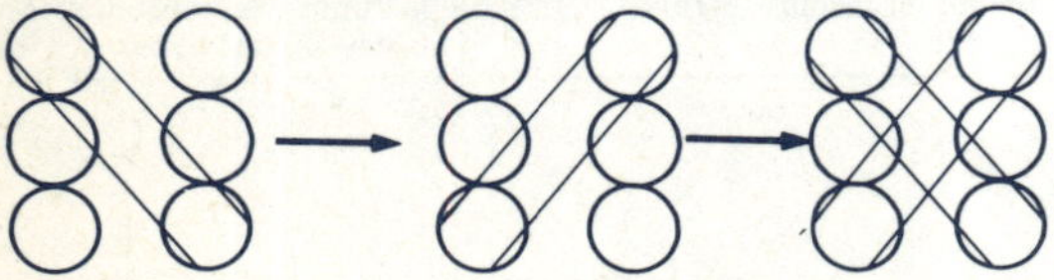

Mari Femme — Mari Femme — Mari Femme

SYMBIOSE ——→ CONTRE SYMBIOSE ——→ RELATION « ÉQUILIBRÉE »

Ex. : La femme : « Je suis incapable de tenir le budget. »
Le mari : « Ne t'en fais donc pas, je m'en charge. »

Le mari : « Je n'arrive pas à faire marcher le four. »
La femme : « Quel empoté ! Laisse mes machines. Vas t'asseoir. »

Observons que la symbiose s'articule sur une dévalorisation, de soi ou de l'autre.

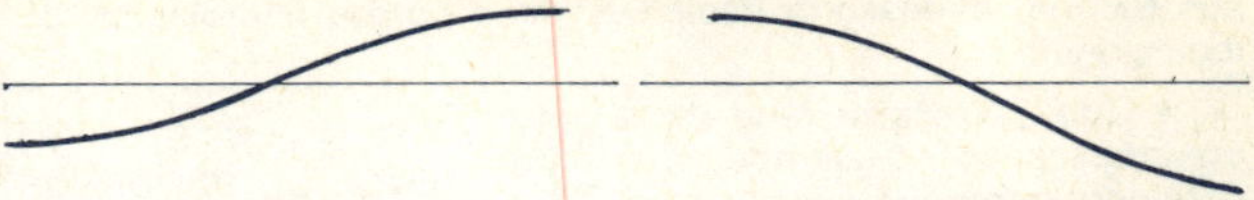

ÉTALEMENT DE LA SYMBIOSE :
chaîne hiérarchique, par exemple :

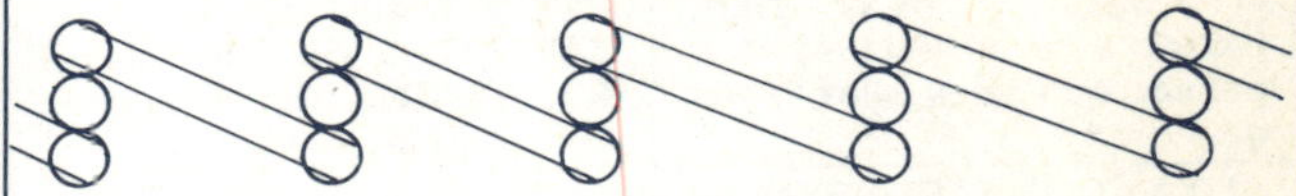

Méconnaissances : types, modes et hiérarchie (K. Mellor)

Le déclenchement et le maintien de la symbiose découlent d'un mécanisme mental de distorsion de la réalité : la MÉCONNAISSANCE (dévalorisation ou survalorisation). La personne qui méconnaît, pense et agit comme si quelque aspect d'elle-même, des autres, ou de la réalité, était moins significatif qu'il ne l'est vraiment.
Les méconnaissances s'opèrent suivant 3 types et 4 modes différents, comme le montre le tableau suivant (sens des flèches : hiérarchie décroissante de gravité) :

MODE ↓	TYPE →		
EXISTENCE	des STIMULI	des PROBLÈMES	d'OPTIONS
SIGNIFICATION	des stimuli	des problèmes	des options
POSSIBILITÉS DE CHANGEMENT	changer les stimuli	résoudre les problèmes	fiabilité des options
APTITUDES PERSONNELLES	à réagir différemment	à résoudre les problèmes	à mettre en œuvre les options

EXEMPLE : Un responsable qui entend un jeune cadre de son service lui déclarer : « Nous avons un problème de communication dans notre service, Monsieur. », peut répondre de diverses façons, ci-dessous déclinées dans l'ordre décroissant de leur gravité :	
— « Quoi ? Un problème de communication ? Mais non, je n'ai rien remarqué ! »	MÉCONNAISSANCE DE L'EXISTENCE DU PROBLÈME
— « Peut-être, mais nous avons toujours fonctionné comme cela, ça va bien. »	MÉCONNAISSANCE DE SA SIGNIFICATION
— « Oui, mais on a tout essayé, c'est sans solution. »	MÉCONNAISSANCE DE LA POSSIBILITÉ DE LE RÉSOUDRE
— « Je n'y peux rien, hélas... » ou « Ha ha, et vous pensez que vous allez régler ça, vous ? ! »	MÉCONNAISSANCE DES CAPACITÉS PERSONNELLES A LE RÉSOUDRE (les siennes ou celles des autres)
AUTANT DE FAÇONS DE NE PAS TRAITER LE PROBLÈME...	

La grandiosité

Si les méconnaissances permettent ainsi l'installation et le maintien de la symbiose, le mécanisme qui contribue à les justifier s'appelle la GRANDIOSITÉ. Exemple : « Vous comprenez, je ne suis pas d'accord avec mon collègue, mais je ne peux rien faire, sinon il va s'arranger pour me faire licencier. »

> La GRANDIOSITÉ consiste à exagérer un aspect de la réalité afin de préserver la relation de dépendance et de justifier des COMPORTEMENTS DE PASSIVITÉ.

LES 4 FORMES DE PASSIVITÉ :
— NE RIEN FAIRE (ou ABSTENTION, ou INACTION) : « Tout va s'arranger, vous allez voir. » « Quand je vais réouvrir les yeux, la bonne fée sera passée. »
— SURADAPTATION : Anxieuse de plaire, la personne cherche à deviner ce que les autres attendent d'elle, et s'y adapte, sans vérifier, ou bien fait « ce qui se fait ».
— AGITATION : La personne est débordée par une multitude d'activités, sans but concret, s'énerve, se surmène, entreprend un tas de choses, et ne termine rien.
— INCAPACITATION, VIOLENCE : La personne retourne l'agressivité contre elle-même, en étant malade, en se blessant, ou contre les autres, et les agresse.

Nous pouvons résumer ce cycle :

par l'exemple d'un employé du service comptable, qui aurait un problème de relation avec un collègue :

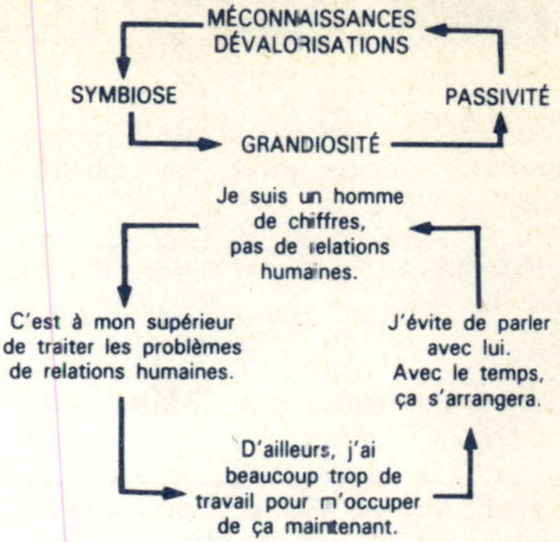

Tous ces modes de pensée et de comportement, inscrits dans les relations de symbiose, sont autant de façons de ne pas résoudre les problèmes et de ne pas composer avec la réalité telle qu'elle est.
Elles dénotent toutes une déficience de l'état du moi Adulte, qui est mal informé, contaminé, ou exclu. C'est alors une symbiose malsaine, car sclérosante.
La décrire, comme nous l'avons fait, n'a de sens que si cela ouvre sur l'affirmation qu'il existe une SYMBIOSE SAINE, ET MÊME UNE RELATION SAINE : L'AUTONOMIE.

LA SYMBIOSE SAINE

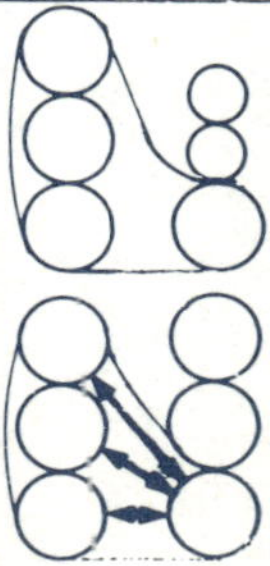

C'est celle, originelle, de la mère et de l'enfant, lorsque celui-ci dépend d'elle physiologiquement, puis psychologiquement. Elle est vécue de part et d'autre comme un partage de leurs besoins. S'il est correctement stimulé dans son PAE par son entourage, l'enfant apprend ensuite à se percevoir comme quelqu'un qui sent, pense et résoud les problèmes par lui-même, en personne autonome.

Ce peut-être aussi une symbiose contractuelle, partielle et/ou temporaire, où chacun des partenaires est clairement d'accord sur la répartition des rôles. L'exclusion, partielle et/ou temporaire d'un ou plusieurs états du moi n'est alors qu'une conséquence et non la cause principale de la symbiose.

L'AUTONOMIE

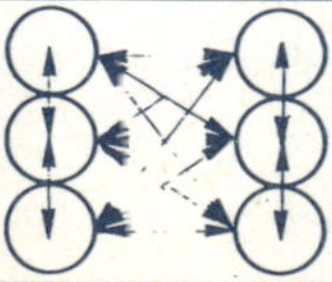

Elle existe lorsque chacun active ses 3 états du moi et utilise les 24 options de transactions (S. KARPMAN) qui en découlent.
C'est une relation d'inter-dépendance, fondée sur l'acceptation et le respect des différences de l'autre. L'autonomie procède du contrôle de l'Adulte.

LES TRANSACTIONS

Communiquer, c'est échanger. C'est pourquoi, en analyse transactionnelle, une unité de communication s'appelle une TRANSACTION.

> Une TRANSACTION est l'unité d'échange bilatéral entre deux états du moi.

Les transactions parallèles (ou complémentaires)

L'état du moi sollicité répond au stimulus, et s'adresse à l'état du moi qui l'a émis.

« Quelle heure avez-vous ? »

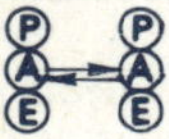

« 10 h 45 »

« Les valeurs du couple se perdent. »

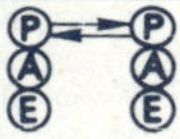

« Vous avez raison, c'est déplorable. »

« Génial le look du nouveau micro ! »

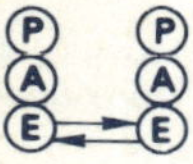

« Ouais suuuper les touches de toutes les couleurs ! »

« Vous devez faire les relances téléphoniques de toute urgence. »

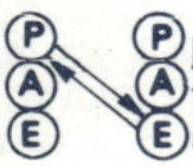

D'accord, je m'y mets tout de suite. »

Règle 1 : Les transactions parallèles permettent une communication aisée qui peut se poursuivre indéfiniment.

Les transactions croisées

Un autre état du moi que celui sollicité réagit, ce qui entraîne un croisement des transactions.

« Chérie, sais-tu où se trouve ma cravate à pois ? »

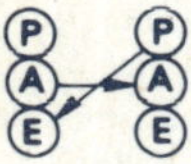

« Si tu rangeais tes affaires, tu le saurais ! »

« Les gens du service X ne foutent vraiment rien. »

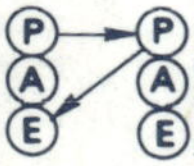

« Au lieu de critiquer, tu ferais mieux de faire ton propre job ! »

Règle 2 : Lorsqu'il y a croisement de transactions, la communication est momentanément rompue et détournée de son objectif initial. L'échange est alors réorienté.

Croiser une transaction peut donc être dommageable (on n'est plus sur la même « longueur d'onde »), mais peut aussi permettre de rétablir une communication positive, lorsque des transactions parallèles apparaissent comme figées et stériles.

Les transactions piégées

Les transactions piégées, ou « à double fond », véhiculent 2 messages en même temps :
— l'un au NIVEAU SOCIAL, apparent et explicite : « ce qui est dit ».
— l'autre au NIVEAU PSYCHOLOGIQUE, caché, implicite : « ce qui n'est pas dit » mais... qui est « compris ».

LUI : « J'habite juste à côté. Nous pourrions y aller prendre un rafraîchissement ? »
Caché : « J'ai envie d'être seul avec toi. »

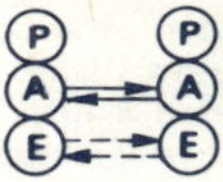

ELLE : « Oui, très bien. J'ai très, très soif ! »

Caché : « Moi aussi. Ca me plaît. »

Le patron : « Nous avons beaucoup de travail. Quand partez-vous en vacances, au fait ? »
Caché : « Vous n'allez pas me laisser tomber, dites ? »

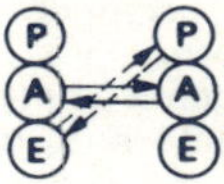

La secrétaire : « Finalement, je ne les prends qu'en septembre. »
Caché : « Ne vous inquiétez-pas, je suis là. »

Règle 3 : Lorsqu'une transaction est piégée, ou à double fond, son résultat est déterminé par le message psychologique plutôt que par le message social.

Les transactions tangentielles

L'un des interlocuteurs « prend la tangente », répond à côté du message initial.

Ex. : Le journaliste : « Le chômage augmente. Que comptez-vous faire ? »
Le ministre : « Nous avons là un lourd héritage, mais nous sommes encore loin derrière l'Angleterre, vous savez ? J'ai des chiffres qui... »
Ou : Le père : « Où étais-tu hier soir ? » — Le fils : « Eh, je suis rentré vachement tôt ! »

Les transactions tangentielles visent souvent à éviter une situation inconfortable.

Communiquer efficacement ?

En analyse transactionnelle, une communication efficace et profitable procède de deux critères principaux :
— le choix : chacun est libre des réponses à donner aux stimuli d'autrui,
— la capacité d'utiliser le plus souvent des transactions Adulte — Adulte.

LES SIGNES DE RECONNAISSANCE (OU CARESSES)

Nous avons un besoin vital d'être reconnu par les personnes qui nous entourent et nous passons notre temps à établir des relations — nos transactions — avec elles afin de satisfaire ce besoin, cette SOIF DE STIMULATION.

Le nouveau-né ne peut se développer normalement s'il est privé de stimulations physiques et d'attentions de son entourage, qui lui signifient qu'il existe, qu'on l'aime et le reconnaît. Plus tard, aux manifestations physiques s'ajoutent des stimulations psychologiques, voire symboliques : messages verbaux, expressions du visage, gestes ; premier argent de poche, notes scolaires, diplômes, promotion, augmentations, tous signes prouvant à un être humain qu'il existe comme personne, que l'on croit en lui et à ses possibilités de croissance.

Les signes que nous échangeons sont soit POSITIFS, soit NÉGATIFS, selon qu'ils sont agréables ou désagréables à recevoir, et il est préférable de recevoir des signes négatifs plutôt que d'être ignoré par les autres.

Selon qu'ils s'adressent aux actes d'une personne (ce qu'elle FAIT ou ce qu'elle a), ou qu'ils visent la personne elle-même ou ses sentiments (ce qu'elle EST ou ce qu'elle éprouve), ils sont CONDITIONNELS OU INCONDITIONELS.

	LES SIGNES DE RECONNAISSANCE	
	CONDITIONNELS	**INCONDITIONNELS**
POSITIFS	Nos clients m'ont dit combien ils apprécient la façon dont vous les accueillez au téléphone.	Vous êtes aimable et serviable. C'est un plaisir pour moi que de vous voir chaque matin.
NÉGATIFS	Deux clients se sont plaints à moi de la façon dont vous leur avez répondu. Ça ne me fait pas du tout plaisir.	Quel mauvais caractère ! Une personne impolie et irrespectueuse comme vous est indigne de travailler ici.

Parce que les signes de reconnaissance inconditionnels touchent la personne pour ce qu'elle EST, les signes positifs ont un caractère très gratifiant qui stimule la croissance et l'autonomie de la personne qui les reçoit, alors que les signes négatifs comportent une charge destructrice qui nuit à son développement.

Évitons donc ces derniers.

Les signes conditionnels quant à eux, positifs autant que négatifs, structurent le comportement, et sont donc indispensables pour éduquer un enfant, ou pour diriger une équipe, enseigner une discipline, etc.

Tant en situation de management que d'enseignement, les signes de reconnaissance ont une influence puissante sur les comportements, les motivations et les performances.

L'ÉCONOMIE DES SIGNES DE RECONNAISSANCE (C.STEINER)

Alors que notre réserve de signes de reconnaissance est potentiellement inépuisable, nous agissons souvent comme si elle était limitée, et ce principalement suivant 5 règles :

— « Ne donne pas de signes de reconnaissance librement. »
— « Ne demande pas de signes de reconnaissance quand tu en as besoin. »
— « Ne reçois pas de signes de reconnaissance librement. »
— « Ne refuse pas de signes de reconnaissance que tu n'aimes pas. »
— « Ne te donne pas de signes de reconnaissance — ne te vante pas —. »

REPÉRONS donc le type de signes de reconnaissance que nous échangeons :

C+	I+
C−	I−

pour établir ou rétablir des transactions satisfaisantes avec soi-même et les autres en se donnant les permissions voulues pour :

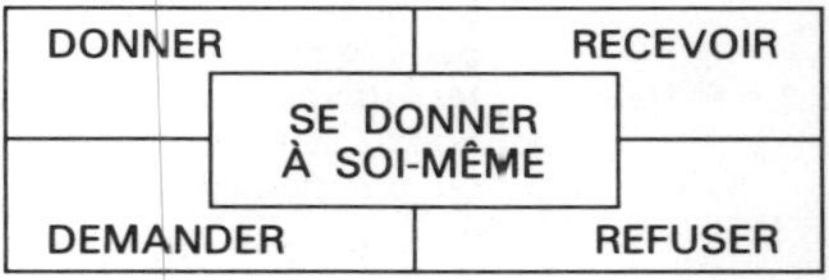

Il est important d'employer les signes de reconnaissance de façon APPROPRIÉE et COHÉRENTE.

Une méthode simple* pour donner des signes de reconnaissance positifs réels :

D — DÉCRIRE avec précision ce que nous trouvons de positif, riche et agréable chez l'autre.
E — EXPRIMER les sentiments correspondants.
S — SUGGÉRER de poursuivre dans le même sens, en élargissant ce qui a été commencé.
C — Préciser les CONSÉQUENCES heureuses de cette façon d'agir.

* Inspirée de la méthode D.E.S.C. de BOWER.

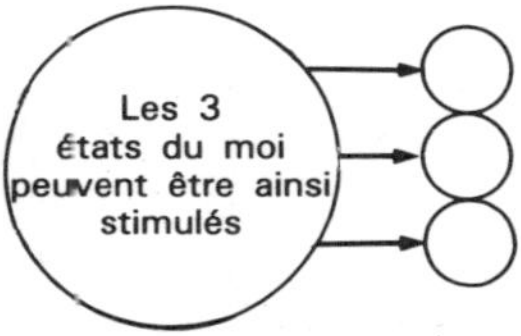

Sens des responsabilités, sentiment d'utilité, expérience.

Autonomie, compétence, adaptabilité.

Créativité, risque, esprit d'initiative et d'entreprise, réussite.

LA STRUCTURATION DU TEMPS

Tout être humain est confronté, chaque jour, à sa « SOIF DE STRUCTURE » : « Comment remplir mes heures de veille ? » (sous-entendu : « ... pour me procurer les signes de reconnaissance que je recherche ? »)

Pour STRUCTURER SON TEMPS et pour obtenir, donner ou éviter des signes de reconnaissance, chacun dispose de six possibilités, explicitées ci-dessous, dans l'ordre croissant d'engagement émotionnel qu'elles impliquent :

LE RETRAIT	Isolement physique ou mental (rêverie, réflexion, etc.). La personne en situation de retrait ne compte que sur elle-même pour recevoir des stimulations positives ou négatives.
Le RITUEL	Échange de stimulations sûr et prévisible dans lequel la personne se conduit de façon répétitive vis-à-vis d'autrui (rituel de salutations), et aussi d'elle-même (rituel du rasage, ou du maquillage).
Les PASSE-TEMPS	On « parle de quelque chose » sans autre but que de recueillir des signes de reconnaissance, sans trop de risques, et ainsi de repérer d'éventuels partenaires pour une relation plus impliquée.
L'ACTIVITÉ	L'énergie est orientée vers un but et vers des objets extérieurs (travail, sport, violon d'Ingres, études, etc.). Les activités, parce que productrices ou créatrices, procurent beaucoup de stimulations.
LES RACKETS ET LES JEUX	Manipulations émotionnelles de soi ou d'autrui aboutissant systématiquement à des sentiments désagréables, mais prévisibles, donc « rassurants ». (Voir chapitres spécifiques « Rackets » et « Jeux »).
L'INTIMITÉ	Expérience gratifiante d'échange direct et spontané, de signes de reconnaissance avec soi-même et avec autrui, sans but caché. L'intimité découle de la confiance et donc de l'absence de défenses.

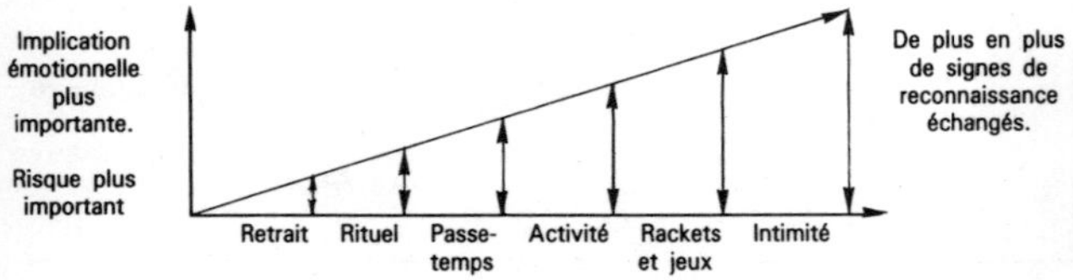

LES POSITIONS DE VIE

Les expériences primitives de notre enfance avec notre entourage, suivant que celui-ci a plus ou moins bien répondu aux besoins et émotions de notre Enfant Spontané, nous procurent des satisfactions ou des désagréments qui influencent l'opinion que nous nous faisons de nous-mêmes, des autres et de la vie en général. Nous adoptons alors (entre 3 et 5 ans), une « POSITION DE VIE » qui détermine ensuite la façon dont nous nous voyons et voyons les autres, dont nous pensons, agissons et nous comportons avec les autres pour obtenir des signes de reconnaissance.
Notre « SOIF DE POSITION » est telle que toutes nos transactions ont généralement pour finalité de nous conforter dans la position de vie que nous avons adoptée.
On peut distinguer 4 façons principales de se voir et de voir les autres dont découlent 4 positions de vie : OK+/OK+ ; OK+/OK− ; OK−/OK+ ; OK−/OK− (F. ERNST)

> Être « OK » (ou OK+), c'est être d'accord avec soi-même, s'accepter, considérer qu'on a de l'importance, se sentir autonome et responsable.
> Être « non OK » (ou OK−), c'est le contraire.

Je suis OK

OK+ OK–	OK+ OK+
Je m'accepte tel que je suis, je ne t'accepte pas tel que tu es. Position d'expansion et de domination. « Tu dépends de moi, je suis le plus fort. » « Tu es de trop. » « VA-T-EN. » Face à un problème : « C'est de ta faute. Tu ne vaux rien. Laisse tomber. » Sentiments préférentiels : mépris, pitié, haine, révolte, etc.	Je m'accepte et j'accepte l'autre. Position constructive de coopération, « gagnant-gagnant ». « Rien ne vaut la vie. » « ALLONS ENSEMBLE DE L'AVANT. » Face à un problème : « Quel est le problème ? Comment le résoudre ? Émotions spontanées et satisfaction, harmonie
Je n'accepte ni moi, ni toi, ni rien. Position de résignation, d'impuissance, de dépression. « La vie ne vaut rien. » « A quoi bon ? » « JE NE SAIS OÙ ALLER. » Face à un problème : « C'est de notre faute. Nous ne valons rien. Laissons tomber. Sentiments préférentiels : tristesse, désespoir, dérision, indifférence.	Je t'accepte tel que tu es, je ne m'accepte pas tel que je suis. Position de soumission et d'effacement. « Je dépends de toi, tu es le plus fort. » « Je suis de trop. » « JE M'EN VAIS. » Face à un problème : « C'est ma faute. Je ne vaux rien. Je laisse tomber. » Sentiments préférentiels : culpabilité, peur, honte, admiration.
OK– OK–	OK– OK+

Tu n'es pas OK — Tu est OK

Je ne suis pas OK

Les flèches indiquent qu'il convient mieux de parler de « tendance » et de « position préférentielle » que de position pure et immuable. Chacun, en effet, peut avoir à différents moments de sa vie et/ou dans différentes situations une position de vie différente, comme le montrent le schéma et l'exemple ci-dessous, de Jacques, cadre d'une quarantaine d'années :

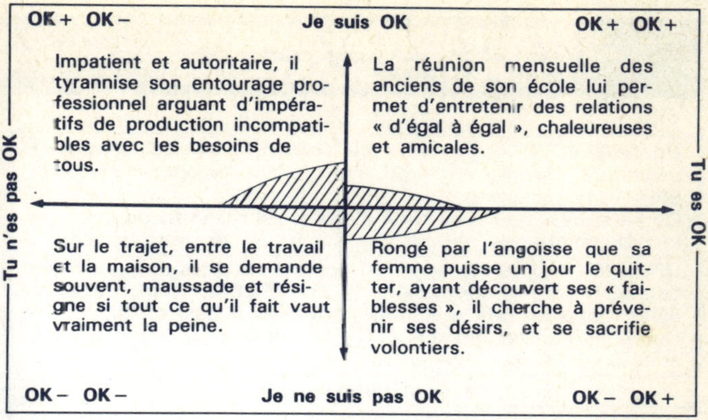

La position préférentielle de Jacques, dans cet exemple, tend à « je ne suis pas OK », le présupposé étant que la position professionnelle OK+/OK− compense la vision pessimiste des autres domaines de sa vie.

Les positions de vie en situation professionnelle d'encadrement :

La position préférentielle d'un manager influence son style de direction et le conduit à se préoccuper, plus ou moins, soit de la production, soit des personnes

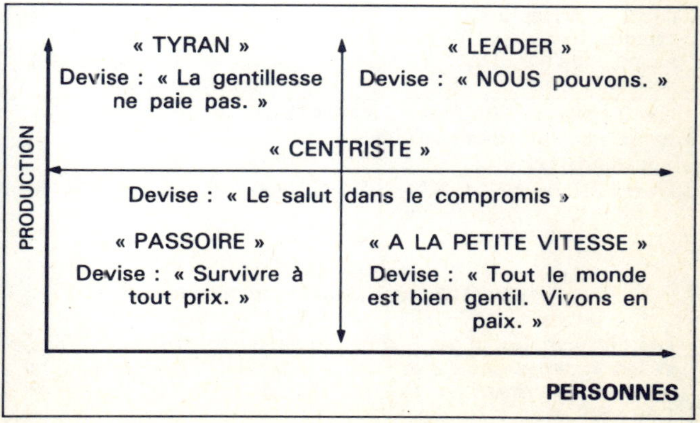

SENTIMENTS-PARASITES, TIMBRES, ÉLASTIQUES

Un SENTIMENT-PARASITE (ou RACKET) est un sentiment substitutif, chronique, stéréotypé et généralement pénible, propre à une personne.
On parle de « racket », car il s'agit aussi d'une façon indirecte et manipulatrice d'obtenir des signes de reconnaissance.

ORIGINE : on peut ramener au nombre de 4 les émotions que connaît l'Enfant Spontané : PEUR, COLÈRE, TRISTESSE et JOIE, qui sont des réactions naturelles à des simuli.
Certaines familles ont des RÈGLES « pour » ou « contre » ces émotions, ou leurs variantes.

Ces règles se manifestent de 3 façons :

1. Par l'exemple : l'enfant imite les parents. Ex. : une famille où on ne rit pas.	2. Par la définition des parents de ce que l'enfant ressent. Ex. : à un enfant en colère, « tu es fatigué, mon petit ». A un enfant triste, « à qui en veux-tu, encore ? »	3. Par la valorisation de certains sentiments. Ex. : « Un grand gars comme toi, tu ne vas pas pleurer ! » « Avec de la gentillesse, on obtient tout. »

Par suite, l'enfant est influencé dans le processus « conscience-expression-action » de ses propres sentiments (Enfant Spontané). Il apprend ainsi (Enfant Adapté) à ne manifester, voire à ne ressentir, que certains sentiments pour obtenir les signes de reconnaissance dont il a besoin.

Quelques exemples courants de

Perceptions, sensations, émotions naturelles ou appropriées à une situation : joie, colère, tristesse, peur, désir, amour, attachement, jouissance, douleur, faim, sommeil, etc.	qui, du fait d'interdictions, verbales ou non verbales,	sont remplacées par : culpabilité, honte, hostilité, jalousie, anxiété, agressivité, méfiance, fatigue, indifférence, désespoir, réflexion, faim, sommeil, joie, colère, tristesse, peur, etc.

Les **3 rôles du TRIANGLE DRAMATIQUE (KARPMAN)** constituent les 3 positions de base pour initier un racket :

PERSÉCUTEUR
(Parent Normatif-
OK+/OK−)

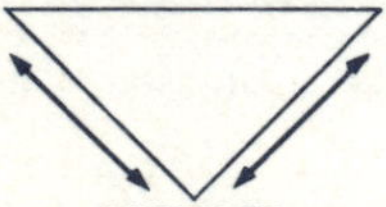

SAUVETEUR
(Parent Nourricier-
OK+/OK−)

VICTIME
(Enfant Adapté Soumis ou Rebelle
OK−/OK+ ou OK−/OK−)

Les Persécuteurs et les Sauveteurs recherchent des Victimes, et les Victimes des Persécuteurs ou/et des Sauveteurs. Il en découle 4 types de PARASITEURS pour 2 formes de PARASITAGE.

LES 4 TYPES DE PARASITEURS (F. ENGLISH)

PARASITEUR DE TYPE 2B — PARASITEURS DE TYPES 1B ET 1A — PARASITEUR DE TYPE 2A

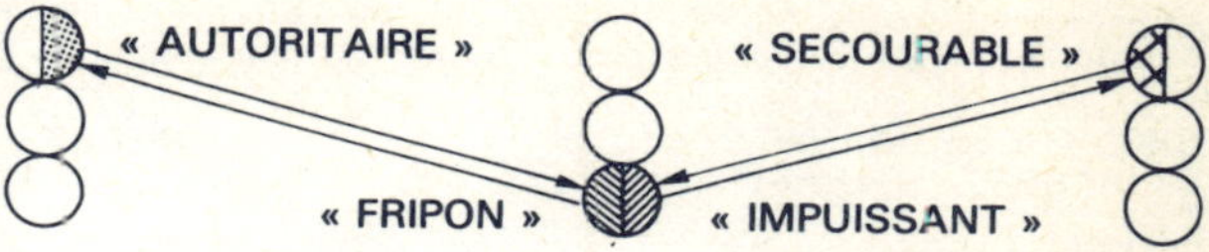

Les parasiteurs cherchent à accrocher chez les autres des états du moi complémentaires en vue de s'engager dans des transactions diagonales continues. Il s'ensuit deux formes de parasitage :

PARASITAGE DE TYPE 1, qui s'enclenche à partir de l'Enfant Adapté (Victime Rebelle ou Soumise) et s'adresse au Parent du partenaire en vue d'obtenir des signes de reconnaissance négatifs ou « positifs ».

PARASITAGE DE TYPE 2,qui s'entame à partir du Parent Normatif ou Nourricier négatifs et exige du partenaire, Enfant Adapté, des signes de reconnaissance de gratitude ou d'impuissance.

En cas d'échec du parasitage, par exemple si le partenaire ne répond plus ou CROISE LA TRANSACTION à partir de l'Adulte ou de l'Enfant Spontané, le parasiteur entre alors dans un JEU pour rétablir son racket (voir plus loin « Interdépendance rackets et jeux »).

CIRCUITS PARASITAIRES INTERCONNECTÉS (M.E. HOLTBY)

On définit le « circuit du sentiment-parasite » comme un système déformant et auto-renforçant de pensées, de sentiments et de comportements (Erskine et Zalcman). Lorsque deux personnes (ou plus) entretiennent des circuits virtuellement complémentaires, ceux-ci s'interconnectent, les manifestations (sentiments et comportements) de l'un ayant l'effet d'expériences renforçantes chez l'autre, et vice-versa.

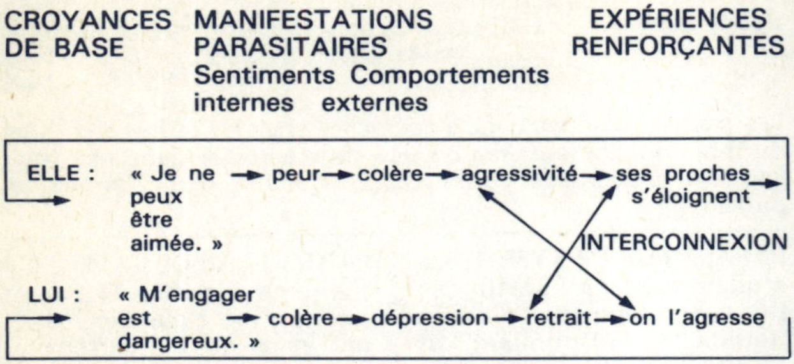

Le dépistage et l'analyse de tels systèmes s'avèrent particulièrement utiles et aidants en thérapie de couple et en matière de médiation et de gestions de conflits.

La collection de timbres

Quand une émotion réelle n'est pas exprimée, parce que défendue, ou pour toute autre raison, elle est gardée en réserve, COLLECTIONNÉE, tout comme on peut le faire des timbres-ristournes en usage dans certains commerces.
A l'instar de la collection de « timbres-ristournes », on collectionne des sentiments de sorte qu'un jour... on puisse enfin tout liquider, et toucher la « prime », alors bien méritée.
Il en va ainsi de tous les sentiments ressentis et non exprimés, positifs et négatifs. Quelques exemples : « Madame Untel, qui supporte sans mot dire la tyrannie de son époux depuis 3 ans, lui flanque un jour la soupière sur la tête. Il est vrai qu'il prétendait qu'elle manquait de sel. ''J'en ai assez bavé'', s'est-elle dit. »
Ou « Monsieur Untel, comptable laborieux, ne se sent autorisé à prendre ''une petite semaine'' qu'au bout de 4 ans de loyaux service. ''Je le mérite bien un peu.'' »
Certaines personnes liquident fréquemment leurs timbres contre des primes « modiques » (manquer un jour de travail, « pousser une gueulante », etc.), alors que d'autres les échangent contre des « cadeaux » intermédiaires (absences fréquentes, délits, adultère, accidents, coups et blessures, etc.), voire les gardent pour des lots plus importants (divorce, ulcère, démission, meurtre, suicide, folie, etc.).

Une personne collectionne des timbres, positifs ou négatifs, en vue de justifier un ou des comportements dont elle refuse de prendre la responsabilité : « C'en était trop, la goutte d'eau a fait déborder le vase ! »

Les élastiques

A l'image de l'élastique sur lequel on tire et qui, une fois relâché, revient à sa forme et à sa longueur initiales, il arrive qu'un sentiment ancien revienne avec la même intensité lorsqu'il est reconnecté ou réactivé par une situation qui s'apparente à celle de son origine.
On définit donc « l'ÉLASTIQUE » comme un mécanisme d'actualisation qui amène une personne à vivre aujourd'hui une réaction disproportionnée à un événement, cette disproportion étant l'indice d'une résonnance archaïque.

AILLEURS ET AUTREFOIS → SITUATION A → RÉACTION A

Résonnance émotionnelle ↕ ÉLASTIQUE

ICI ET MAINTENANT → SITUATION B → RÉACTION A'

Les élastiques peuvent bloquer ou déformer notre conscience de la réalité présente et constituent alors une limitation à notre fonctionnement « ici et maintenant ». Il convient de « détacher » ce type d'élastiques.
Ils peuvent aussi, à la manière de la fameuse « Madeleine de Proust », enrichir notre présent. Ils « re-présentent » ainsi de précieuses ressources.

LES JEUX PSYCHOLOGIQUES

Éric BERNE les a définis comme « une série continue de transactions complémentaires piégées progressant vers un dénouement bien défini et prévisible », lequel consiste en une série de BÉNÉFICES NÉGATIFS, assortis de sentiments généralement désagréables (dévalorisation de soi ou de l'autre).

LES BÉNÉFICES DES JEUX

Le dénouement d'un jeu psychologique permet de :
- rétablir et confirmer son sentiment-parasite, ou racket (cf. page 30),
- obtenir des signes de reconnaissance négatifs, à défaut de signes positifs,
- renforcer sa position de vie préférentielle (dont une polarité, au moins, est OK –),
- éviter l'implication émotionnelle de l'intimité, vécue comme dangereuse, tout en ne prenant pas la responsabilité d'une activité et en échappant à l'ennui du passe-temps (cf. « Structuration du temps),
- maintenir la relation symbiotique imaginaire,
- valider ses croyances sur soi et sur les autres, et son cadre de référence,
- enrichir sa collection de timbres (cf. chapitre précédent),
- faire progresser le SCÉNARIO (cf. chapitre suivant).

3 RÔLES POUR UN JEU (S. KARPMAN)

On retrouve dans tous les jeux les « 3 rôles du triangle dramatique » (cf. « Sentiments-parasites ») tenus par une même personne, ou tour à tour par chacun des partenaires. Chacun a un rôle favori. Entrer dans un jeu vise à le rétablir, lorsqu'il a été menacé. ON PEUT REGROUPER LES JEUX LES PLUS COURANTS SUIVANT CES 3 RÔLES :

PERSÉCUTEUR : « maintenant, je te tiens salaud », « défauts », « coincé », « tribunal », « sans toi », « regarde ce que tu m'as fait faire », etc.

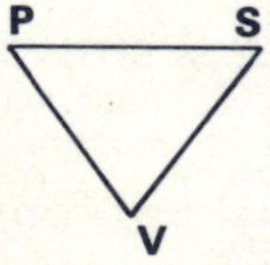

SAUVETEUR : « j'essaie seulement de t'aider », « sans moi », « raconte-moi tes malheurs », ils se féliciteront de m'avoir connu », « à vot'service », etc.

VICTIME : « botte-moi les fesses », « stupide », « pauvre de moi », « jambe de bois ». « oui mais », « débordé », « pourquoi faut-il toujours que ça m'arrive à moi ? », etc.

LA FORMULE DES JEUX (E. BERNE)		
A + PF = R → CT → MC → BNF, soit : Appât + Point Faible = Répliques → Coup de Théâtre → Moment de Confusion → Bénéfice Final Négatif.		
EXEMPLE : Pierre, Paul et Jacques se retrouvent à un pot des « anciens de l'école ».		
Pierre : A — A « Je n'arrive pas à faire circuler l'information dans mon service ». Caché : E — P « Aidez-moi, si vous êtes capables... »	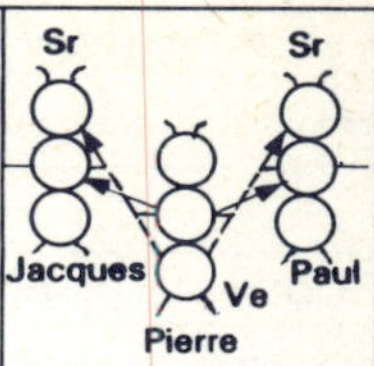	1. APPÂT (ou amorce) : Pierre signale une difficulté. En fait, il cherche à se faire prendre en charge. Ses petites « antennes » émettent : « Victime cherche Sauveteur(s) ».
Jacques : A — A « Essaie des réunions hebdomadaires. » Paul : A — A « Et si tu faisais des notes écrites ? » Caché : P — E « Nous essayons de te conseiller. »	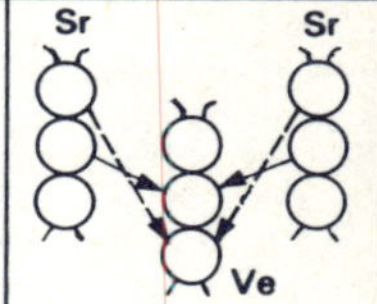	2. POINT FAIBLE : « Message reçu » Paul et Jacques répondent à la dévalorisation et à la demande cachée en proposant, illico, des solutions.
Pierre (d'un ton désespéré) : A — A « Oui, j'ai déjà essayé tout cela, mais sans succès ». Caché : E — P « Je fais de mon mieux » « Pauvre de moi ».	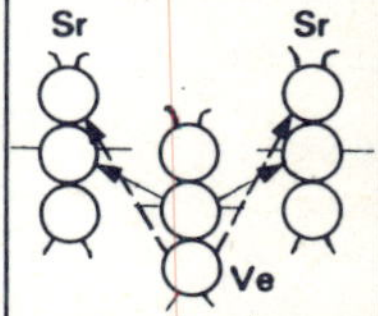	3. RÉPLIQUE : Pierre, en présentant son cas comme insoluble, invite Paul et Jacques à continuer leur Sauvetage.
L'échange de transactions complémentaires peut durer ainsi un certain temps... et...		
Paul : P — E « Bon, ça suffit mon vieux, rien ne te va ! Jacques : P — E « Oui, tu nous fatigues avec tes problèmes » Pierre : « C'est dur. Je savais bien que vous ne seriez pas capables de m'aider. »	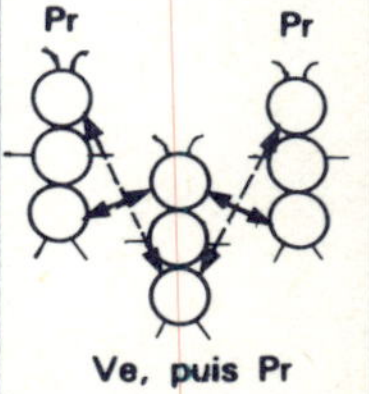	4. COUP DE THÉÂTRE : les rôles se redistribuent, les messages cachés ne le sont plus... Jacques et Paul deviennent Prs. Pierre renforce son rôle de Ve puis devient Pr. 5. MOMENT DE CONFUSION.
Pierre : « Je n'y arriverai jamais. » Jacques : « Que veux-tu dire à ça, toi ? » Paul : « Laissons tomber. »	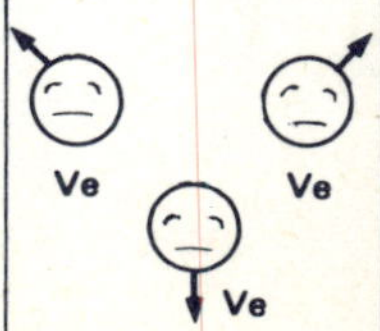	6. BÉNÉFICE FINAL NÉGATIF : Paul et Jacques se sentent impuissants (Ves – OK – OK +). Pierre confirme que « la vie est vraiment dure » (Ve – OK – OK –)

QUELQUES OPTIONS POUR ARRÊTER UN JEU (J. DUSAY, en partie)

- Dévoiler le jeu en expliquant sa dynamique.
- Croiser une transaction.
- Jouer le Coup de Théâtre avant qu'il n'arrive, en le dédramatisant (de l'humour !).
- Offrir une alternative (par exemple traiter le vrai besoin, psychologique).
- Ignorer le jeu, purement et simplement.

LES 3 DEGRÉS DES JEUX

On peut sérier les jeux suivant le degré d'intensité auquel on s'y adonne :

- 1er degré : socialement acceptable → Simples désagréments affectifs ou physiques.
- 2e degré : se déroule en partie au moins « en privé » → Marque morale plus durable.
- 3e degré : « dur », issue tragique → Dommage physique important et indélébile. Se termine à l'hôpital, au tribunal ou à la morgue.

INTERDÉPENDANCE DES RACKETS ET DES JEUX

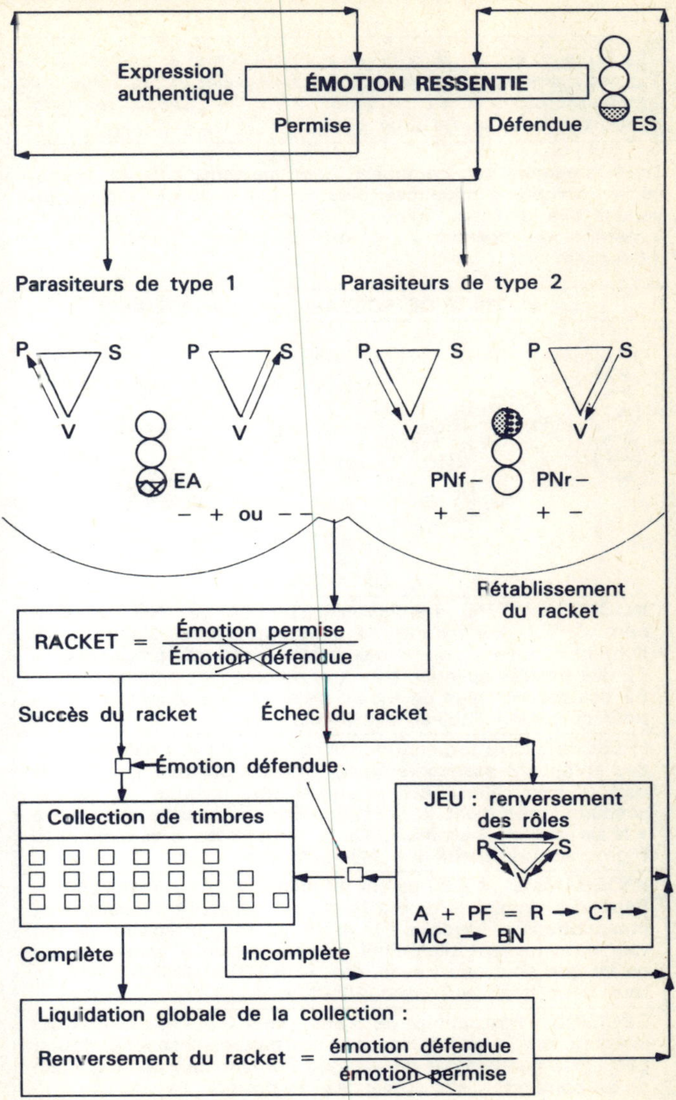

LE SCÉNARIO°

Le scénario est un plan de vie continu, formé et décidé dans la petite enfance sous la pression parentale, et qui dirige les comportements d'une personne dans les aspects les plus importants de sa vie (Éric BERNE).

Toute personne doit composer, dans sa prime enfance avec un certain nombre d'influences, plus ou moins contradictoires, provenant des diverses figures d'autorité de son entourage. La « matrice de scénario » montre comment s'organisent ces influences.

LA MATRICE DE SCÉNARIO (Claude STEINER)

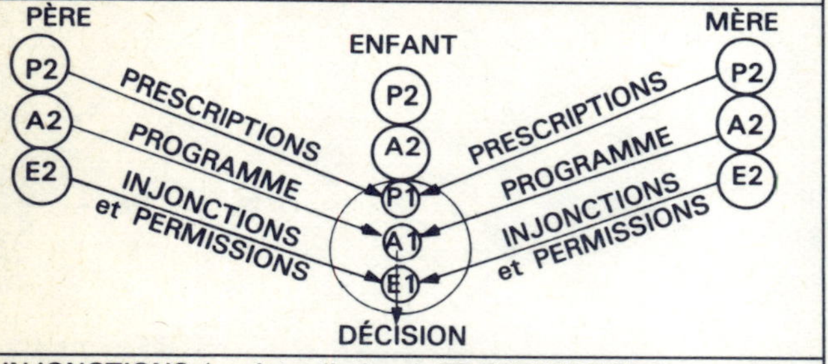

INJONCTIONS (ou interdictions) ET PERMISSIONS : proviennent de E2 des parents et sont enregistrées dans E1 de l'enfant. Souvent non-verbales. Messages très prégnants. Si E2 des parents épanoui, heureux, nombreuses permissions. Si E2 des parents plus ou moins perturbé, injonctions néfastes (voir ci-après « Tableau des injonctions »).

PRESCRIPTIONS (ou contre-injonctions) : P2 des parents à P1 de l'enfant. Messages verbaux, formulés positivement. « Fais ceci..., sois cela..., etc. » Constituent la base du contre-scénario, renforcent le scénario. Ex. : « Travaille dur » lié à « N'aie pas de besoins ». On a ramené les prescriptions à 5 groupes principaux (cf. Mini-scénario).

PROGRAMME : A2 du parent du même sexe à A1 de l'enfant. Répond à « Voici comment faire pour satisfaire injonctions et prescriptions ». Modèles : la mère qui se surmène et qui fait tout passer avant elle-même, le père qui ne rit jamais et qui ne vit que pour son travail, etc. Et ATTRIBUTIONS : « Tu es tout le portrait de Tonton Albert. »

DÉCISION : Prise autour de 5 ans, par A1 (« Petit Prof ») qui intègre à la fois les influences et ses propres besoins et désirs. Elle porte sur le type de vie que l'enfant choisit : sa façon de se comporter, ses croyances, sa position de vie, son racket, ses jeux, etc. Cette décision est alors appropriée au contexte. Le problème est qu'elle préside ensuite à l'évolution de la personne adulte, alors que plus rien ne le justifie.

EXEMPLE SIMPLIFIÉ D'UNE MATRICE DE SCÉNARIO

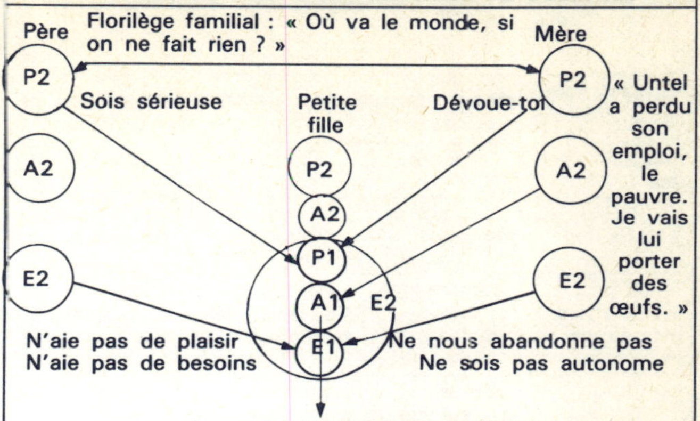

— Je ne m'attacherai pas (ailleurs)
— Je serai consciencieuse dans mon travail
— Je prendrai soin des autres
— Je ne mérite rien pour moi : les autres d'abord
— Je me battrai contre la misère

Hypothèse : la petite fille a maintenant 35 ans. Elle est célibataire. Elle est infirmière, ou assistante sociale, ou éducatrice. Elle va voir papa et maman chaque week-end, car maman va toujours porter des œufs au voisinage démuni et, à son âge... marcher, porter... c'est si dur... toute seule... sans voiture...

TYPES D'INJONCTIONS (M. et R. GOULDING)

Au niveau des comportements

1. N'existe pas 2. Ne sois pas toi-même (ou de ton sexe) 3. Ne sois pas un enfant	4. Ne grandis pas 5. Ne réussis pas 6. Ne fais pas 7. N'aie pas de valeur	8. N'aie pas d'attaches 9. Ne sois pas intime 10. Ne te porte pas bien ou Ne sois pas sain d'esprit

Au niveau de la réflexion	Au niveau des sentiments
11. Ne pense pas 12. Ne pense pas à telle chose	13. Ne ressens pas 14. Ne ressens pas tel sentiment

PERMISSIONS (et hiérarchie) — (J. et B. ALLEN)

1. Permission d'exister 2. Permission d'avoir ses propres sensations et d'en faire l'expérience 3. Permission de sentir ses émotions 4. Permission de penser	5. Permission d'être proche (physique et émotionnel) 6. Permission d'être soi-même (race, sexe, etc.) 7. Permission d'avoir l'âge qu'on a 8. Permission de réussir

Les différentes classifications de scénario

Classification selon STEINER	SANS AMOUR	SANS ESPRIT	SANS JOIE
Fonction perdue	Intimité	Conscience	Spontanéité
Injonctions	N'existe pas Ne sois pas proche	Ne pense pas Ne sois pas toi-même	Ne ressens pas Ne réussis pas
Opérations thérapeutiques	Apprendre échange de caresses ES — ES	Encourager la pensée claire. Renforcer A	Encourager l'expression des sentiments
Issue tragique	Dépression — suicide	Confusion — folie	Ennui ou intoxication (alcool, drogue, etc.)

Classification selon E. BERNE	MYTHES ET CONTENUS DES PROGRAMMATIONS PARENTALES
« JAMAIS »	Mythe : TANTALE. « Je t'interdis de faire ce dont tu as le plus envie. » L'enfant a ainsi peur de ce qu'il désire le plus.
« TOUJOURS »	Mythe : ARACHNE. « Ah, tu veux cela ? Eh bien, tu l'auras — le feras — toute ta vie ! » Travailler dur, se dévouer, etc., toujours et encore.
« AVANT »	Mythes : JASON, HERCULE. « Tant que tu n'auras pas fait ceci ou cela, tu ne pourras pas... vivre, prendre du plaisir, du repos, etc. ».
« APRÈS »	Mythe : DAMOCLÈS. « Profite de la vie, après ça va mal tourner. » « Tout va bien, mais ça ne va pas durer. Les ennuis vont bientôt arriver. »
PRESQUE :	Mythe : SISYPHE. « Ah, j'y étais presque !... Si seulement..., et si... » « Tu ne peux y arriver que jusqu'à un certain point. »
« SANS CONCLUSION » (fin ouverte)	Mythe : PHILEMON ET BAUCIS. Dit aussi « TROP COURT ». Une fois toutes les instructions parentales suivies, il n'y a plus de but. C'est le sort de nombre de mères, une fois les enfants élevés, ou de retraités...

E. BERNE	BANAL OU EXCEPTIONNEL
GAGNANT	Le GAGNANT (ou GAGNEUR) est la personne qui remplit ses contrats avec lui-même et avec les autres. Il projette un objectif, s'engage à l'atteindre, et l'atteint. Il sait ce qu'il fera s'il perd, et ne le dit pas.
NON-GAGNANT	Adepte du « au moins... », le NON-GAGNANT œuvre du matin au soir, non pour gagner, mais pour s'en sortir simplement à égalité. « Au moins je n'ai pas..., ou j'ai...,ou je peux être content de... »
PERDANT	Spécialiste des « croche-pieds » à soi-même le PERDANT ne remplit pas ses contrats. « Pas de chance... », « si j'avais su ou pu... » « j'aurais dû... ». Il ne sait pas ce qu'il fera s'il perd, mais parle de ce qu'il fera s'il gagne.

LE MINI-SCÉNARIO (T. KAHLER ET H. CAPERS)

Le MINI-SCÉNARIO est une séquence comportementale observable, brève (7 secondes maximum) qui, liée à l'ensemble des éléments du SCÉNARIO, le fait avancer.

La petite roue qui fait avancer la grande (R. HOSTIE) :

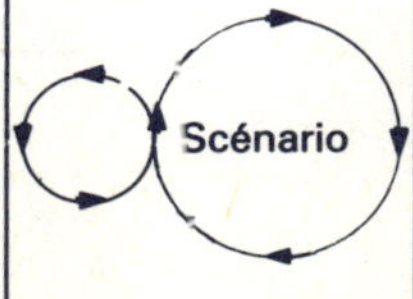

Mini-scénario

5 MESSAGES CONTRAIGNANTS (ou drivers)

L'enclenchement du mini-scénario s'opère à partir de 5 messages contraignants (prescriptions : cf. « Scénario ») :

SOIS PARFAIT — SOIS FORT — FAIS PLAISIR
FAIS EFFORT — DÉPÊCHE-TOI

Enregistrés dans le Parent, ils sont activés à partir d'une position « Non OK » : « Je suis OK SI... ». Ils apparaissent sous forme de comportements observables distincts.

LE CYCLE DU MINI-SCÉNARIO

Le renforcement du scénario se déroule en 4 étapes, que l'on diagramme comme suit :

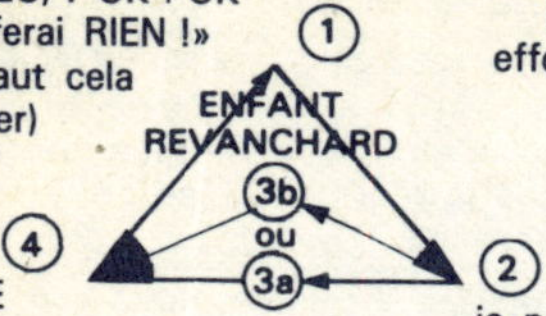

EAR (et EC) : OK+OK−
« Je ne ferai RIEN !»
(mieux vaut cela qu'échouer)

MESSAGE CONTRAIGNANT :
OK+ SI...
Ex. : Tu es OK SI tu fais des efforts : « Allez, vas-y, essaie ! »

MESSAGE INHIBITEUR :
OK−OK2
(Injonctions du scénario)
② Ex. : Ne réussis pas : « Mais, je ne vais jamais jusqu'au bout. »

④ BÉNÉFICE FINAL du mini-scénario : OK−OK−.
Ex. : Échec. Sentiments d'impuissance. Désespoir.

Soumission : OK−OK−.
Ex. : « Je vais essayer. »
(sans conviction)

Il est possible de remplacer un mini-scénario négatif par un mini-scénario positif, et ce, pour chacun des messages contraignants, moyennant les permissions adéquates. Concernant l'exemple ci-dessus :

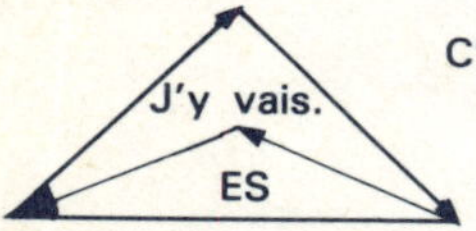

C'est OK d'AGIR pour RÉUSSIR.

Je gagne.
Joie,
énergie, confiance.

J'ai le droit de RÉUSSIR jusqu'au bout.

et pour les autres drivers :

Sois Parfait : C'est OK d'être moi-même
Sois Fort : C'est OK de ressentir et de m'ouvrir
Dépêche-toi : C'est OK de prendre mon temps
Fais Plaisir : C'est OK de ME faire plaisir

CHAQUE MESSAGE CONTRAIGNANT COMPORTE DES ASPECTS POSITIFS :

Sois Parfait	Sois Fort	Fais Plaisir	Fais Effort	Dépêche-toi
Bon organisateur	Tenace, résistant	Flexible, adaptable	Persistant	Efficace

Partant, s'il est utile de dépasser leurs limitations, il est bon d'en garder les qualités

LE CONTRAT DE CHANGEMENT

Prendre conscience d'un problème relationnel ou d'une gestion inadéquate de son potentiel peut conduire une personne ou un groupe à vouloir y changer quelque chose et à progresser. Pour plus d'efficacité dans ce type de démarche, l'analyse transactionnelle propose de s'appuyer sur un CONTRAT DE CHANGEMENT.

Applicable aussi bien dans le domaine du développement personnel que dans celui du développement des organisations, un CONTRAT est l'accord établi entre l'agent de changement (thérapeute ou conseil) et son client, en vue d'atteindre un objectif clairement défini.

VALEUR ET RAISON D'ÊTRE DU CONTRAT			
1. Bilan fait, problème circonscrit, c'est déjà résoudre une partie du problème.	2. Relations claires entre contractants. Adulte au contrôle. Limitation des risques de symbiose, jeux, etc.	3. Mobilisateur d'énergie : tendre vers un but est motivant.	4. Responsabilité partagée entre conseil et client. Celui-ci est acteur de son changement.

5 CONDITIONS POUR CONTRACTER (C. STEINER)				
1. Objet légal et OK avec valeurs du Parent de chacun.	2. Compétence des contractants. Accord de l'Adulte.	3. Consentement mutuel sur l'objectif. Motivation de l'Enfant.	4. Échange : argent/service.	5. Efforts mutuels.

3 TYPES DE CONTRATS EN PSYCHOTHÉRAPIE		
Contrat de RÉSOLUTION DE PROBLÈME : comprendre, clarifier, exprimer, faire quelque chose, etc. Ex. : « Dire à ma femme que... » « clarifier ma relation avec untel », etc.	Contrat de CONTRÔLE SOCIAL : vise un changement comportemental, sans toucher au scénario. Ex. : « arrêter de boire » ou « trouver du travail », etc.	Contrat d'AUTONOMIE : vise un changement de scénario et implique travail plus profond. Ex. : « Faire confiance » ou « sentir mes sentiments », « aimer », etc.

6 « CLÉS » POUR UN CONTRAT DE CHANGEMENT
1. Faire le POINT. Quel est le PROBLÈME ?
2. Déterminer l'OBJECTIF et les RÉSULTATS à atteindre.
3. Définir des ÉTAPES et des MOYENS.
4. Faire le bilan de ses RESSOURCES (personnelles et autres).
5. Définir des CRITÈRES DE VÉRIFICATION, internes et externes.
6. Déceler les risques de « SABOTAGE » personnel.

CONCLUSION : OSER COMPRENDRE, OSER CHANGER

On peut regrouper en deux grandes catégories les attitudes et comportements propres soit à entraver, soit à favoriser, notre évolution, selon notre adaptation plus ou moins juste à la réalité.
La première catégorie découle d'une « HYPOTHÈSE DE RESPONSABILITÉ CROISÉE », qui s'énonce comme suit :
A — Je suis responsable de ce que les autres sentent, pensent, font... et son corollaire,
B — Les autres sont responsables de ce que je sens, pense, fais...
La seconde, d'une « HYPOTHÈSE DE RESPONSABILITÉ PERSONNELLE :
A — Je suis SEUL ET SEULEMENT responsable de ce que je sens, pense, fais... et son corollaire,
B — Les autres sont SEULS ET SEULEMENT responsables de ce qu'ils sentent, pensent, font...
La première catégorie regroupe des comportements de type « non-gagnant », ou « perdant ». Les personnes, dans ce cas, se limitent dans leurs possibilités de croissance et de réussites, en se donnant, pour cela, les meilleurs alibis du monde.
La seconde est celle des gens dont le comportement dénote un scénario de type « gagnant ». Ces personnes investissent leur énergie dans le développement de leurs potentialités, et se sentent pleinement ACTRICES de leur vie.
Les quelques pages de ce mémento auront surtout permis de comprendre « comment cela fonctionne » à l'intérieur d'une personne et dans ses relations, et comment elle peut se limiter dans son évolution, son efficacité et... son plaisir à vivre.
Avec son arsenal de concepts et d'outils simples, précis et souples, la pratique de l'analyse transactionnelle permet ensuite la multiplication de nos options de comportements et de relations, en vue d'une adaptation juste à la réalité actuelle. Elle aide ceux qui le souhaitent, hommes et groupes, à améliorer, voire à modifier tel ou tel aspect de sa personnalité et de ses relations. Elle fait appel, pour cela, aux ressources de chacun, et l'invite à AGIR DE FAÇON RESPONSABLE SUR LE COURS DE SA VIE.
Nous espérons que l'aperçu de cette approche à la fois intelligente et plaisante de la personnalité et des rapports humains aura stimulé votre curiosité, voire vous aura donné envie d'apprendre à la pratiquer par votre propre développement et celui des cellules humaines auxquelles vous participez.

Achevé d'imprimer par Corlet, Imprimeur, S.A.
14110 Condé-sur-Noireau (France)
N° d'Éditeur : 726 - 1re Impression : 1er trimestre 1987 - 2e Impression : avril 1988
N° d'Imprimeur : 14025 - Dépôt légal : avril 1989

Imprimé en C.E.E.